글쓴이 | 박윤경

서울대학교 사범대학 사회교육학과에서 공부했고, 현재 청주교육대학교에서 초등 예비 교사들을 가르치고 있습니다. 대학에서 민주 시민 교육, 다문화 교육 및 청소년 시민성에 대해 연구하며 『한국의 민주 시민 교육』, 『다문화 교육의 이해와 실천』, 『인간은 왜 폭력을 행사하는가』, 『초등학생의 정치·사회적 이슈 대화 및 토론 경험 분석』 등의 책과 논문들을 썼습니다. 어린이를 위한 책 『약속은 즐거워!』, 『나는 누구일까요?』, 『가족은 꼬옥 안아 주는 거야』, 『새로 쓰는 가족 이야기』도 펴냈습니다.

그린이 | 송효정

대학에서 미술을 전공하고, 한국일러스트레이션학교(Hills)에서 일러스트레이션을 공부했습니다. 엄마가 되고 나서 어린이들의 감정과 일상에 더 가까이 다가서게 되었습니다. 어린 친구들을 응원할 수 있는 이상하고 재미있고 아름다운 그림을 많이 그리고 싶습니다. 그린 책으로는 『촌수 박사 달찬이』, 『소능력자들』, 『받아쓰기 백 점 대작전』, 『UFO 옆 동네』, 『사과』, 『독립신문을 읽는 아이들』, 『우리 학교 부실 급식을 막아라!』, 『오늘부터 티볼!』 등이 있습니다.

민주주의가 뭐예요?

1판 1쇄 펴냄—2018년 5월 25일, 1판 3쇄 펴냄—2020년 12월 17일
글쓴이 박윤경 **그린이** 송효정 **펴낸이** 박상희 **편집주간** 박지은 **기획** 김지호 **편집** 정은정 **디자인** 김혜림
펴낸곳 (주)비룡소 **출판등록** 1994. 3. 17.(제16-849호) **주소** 06027 서울시 강남구 도산대로1길 62 강남출판문화센터 4층
전화 영업 02)515-2000 **팩스** 02)515-2007 **편집** 02)3443-4318,9 **홈페이지** www.bir.co.kr
제품명 어린이용 각양장 도서 **제조자명** (주)비룡소 **제조국명** 대한민국 **사용연령** 3세 이상

ⓒ박윤경, 송효정, 2018. Printed in Seoul, Korea.
ISBN 978-89-491-8264-3 74300 / ISBN 978-89-491-8211-7(세트)

이 도서의 국립중앙도서관 출판예정도서목록(CIP)은 서지정보유통지원시스템 홈페이지(http://seoji.nl.go.kr)와
국가자료공동목록시스템(http://www.nl.go.kr/kolisnet)에서 이용하실 수 있습니다.(CIP제어번호: CIP2018014983)

• 이 책에 실린 사진들은 저작권법에 의해 한국 내에서 보호를 받는 저작물이므로 무단 전재와 무단 복제를 금합니다.

자료 제공
33쪽 연합뉴스

민주주의가 뭐예요?

박윤경 글 · 송효정 그림

비룡소

"엄마! 아빠! 벌써 시작됐나 봐요. 우리도 빨리 준비해서 나가요."
오늘은 란츠게마인데가 열리는 날이에요. 세진이는 한 달 전부터 오늘이
오기를 손꼽아 기다렸어요.

세진이가 사는 스위스의 글라루스 칸톤은 산으로 둘러싸인 조용하고 아름다운 곳이에요. 칸톤은 스위스의 지역을 일컫는 말이지요.

글라루스 칸톤은 '란츠게마인데'로 아주 유명해요. 란츠게마인데는 글라루스 칸톤에서 매년 5월 첫째 주 일요일에 열리는 주민 회의랍니다. 글라루스 주민이 모두 모여 지역의 대표를 뽑고, 중요한 일들을 투표로 결정하는 자리지요. 주민들이 지역 일을 직접 결정한다니 굉장하지 않아요?

학교 신문 기자인 세진이는 이번에 열리는 란츠게마인데를 열심히 취재할 생각이에요.

딩동딩동! 요한이 왔어요. 요한은 세진이의 가장 친한 친구예요. 요한이 숨을 몰아쉬며 세진이를 재촉했어요.
"세진아, 어서 행진 보러 가자. 우리 가족은 광장 입구에서 만나기로 했어."
아빠가 투표용지가 든 봉투를 챙겼어요. 한 달 전쯤 란츠게마인데 투표용지와 자료집이 우편으로 왔거든요. 그때부터 엄마는 아빠와 이번 주민 회의에서 결정할 일들에 대해 곰곰이 생각하고 얘기를 나누었어요.
엄마가 요한에게 물었어요.
"요한, 너희 형 카를이 란츠게마인데에서 제안을 하지? 자랑스럽겠구나."
"네! 매년 부모님을 따라다녔지만 올해처럼 떨리기는 처음이에요."
"아마 잘할 거야. 우리 세진이는 이번에 학교 신문 기자가 되더니 취재에 아주 열심이야. 세진이랑 먼저 가거라. 우리도 곧 광장 입구로 갈게."

요한과 세진이는 란츠게마인데의 개최를 알리는 행진을 구경하러 먼저 집을 나섰어요. 시청으로 향하는 골목은 벌써 북적이고 건물마다 형형색색 깃발이 펄럭였어요. 세진이의 눈이 휘둥그레졌어요. 온 마을이 신나는 축제 같았지요.

"빰 바라 밤, 빰 빠빠."
검정, 빨강 줄무늬 옷을 멋지게 차려입은 군악대가 악기를 연주하며 행진해요. 지역 대표들과 초대 손님들도 뒤따랐지요. 주민들도 함께했어요. 할머니, 할아버지부터 아줌마, 아저씨, 언니, 오빠, 유모차에 탄 갓난아이까지 모두 모여 광장으로 향해요.

거리에는 행진을 지켜보는 사람들이 많아요. 아빠 등에 목마를 탄 꼬마도 있고, 건물 위에서 구경하는 사람들도 있네요. 방송국 카메라와 취재하는 기자들도 보여요. 카메라를 든 외국인 관광객들도 있어요.
세진이도 요한과 함께 행진을 뒤따랐어요. 광장에 가까워질수록 행진하는 사람들이 점점 불어났지요.

글라루스 칸톤의 깃발.

스위스 글라루스 칸톤의 전통 복장을 차려입은 사람들의 사진도 찰칵!

사람들의 질서와 안전을 지키고 있는 군인들.

란츠게마인데의 시작을 선언하는 칸톤 지사.

드디어 광장에 도착했어요. 낮은 건물들로 둘러싸인 광장에는 벌써 수천 명이 넘는 사람들이 모여 있었지요. 세진이는 광장 입구에서 엄마, 아빠랑 요한의 가족들을 만났어요.

어른들은 경찰에게 자기 이름이 적힌 투표용지를 보여 주고 광장 안으로 들어갔어요. 세진이와 요한도 엄마, 아빠를 따라 안으로 들어갔지요. 어린이는 투표권이 있는 어른과 함께 광장 안에서 란츠게마인데를 지켜볼 수 있거든요.

광장 의자는 빈자리가 하나도 없을 정도로 사람들로 빼곡히 들어찼어요. 광장 주변에는 다른 지역이나 다른 나라에서 견학 온 사람들이 옹기종기 모여 있었지요. 요한의 아빠가 친절히 설명해 주었어요.
"이제부터 주민들이 함께 칸톤의 대표를 뽑고, 우리 지역의 중요한 문제들을 결정할 거야. 학교를 세우거나 도로를 늘리는 일, 세금에 관한 일들이지."

세진이는 평소와 다른 모습의 광장을 이리저리 둘러봤어요. 광장 중앙에 있는 단상 위로 글라루스 지역의 대표인 칸톤 지사가 올라섰어요. 드디어 칸톤 지사가 란츠게마인데의 시작을 선언했어요. 그러자 광장이 흔들릴 듯 커다란 박수 소리가 터져 나왔지요.

짜잔! 세진이의 꼼꼼 취재 노트

주민들이 뽑는 칸톤 대표는 누가 누가 있어요?

엄마! 왜 판사, 검사도 주민이 직접 뽑아요?

칸톤의 일을 맡아야 할 사람이니까 주민들이 뽑는 거야.

칸톤 지사, 장관, 의원, 판사, 검사 등이지.

칸톤 대표는 어떻게 뽑아요?

어떤 후보가 대표가 되면 좋을지 주민들이 **투표**해서 정하는 거야.

투표는 어떻게 하는 거예요?

나도 투표하고 싶어요!
전 몇 살부터 투표할 수 있는 거예요?

글라루스 칸톤 주민은
만 열여섯 살이 되면 투표할 수 있지!

이 투표용지를
높이 들면
찬성한다는 뜻이야.

칸톤 지사가 지역의 대표를 뽑는 투표를 차례대로 진행했어요. 후보들은 각자 자기소개를 하고, 자신이 대표로 뽑히면 어떻게 일할 것인지 차분하게 이야기했어요. 어떤 후보는 긴장했는지 가느다랗게 떨리는 목소리로 말했지요.

투표가 끝나자 우리 지역의 일을 맡을 대표들이 모두 정해졌어요. 세진이는 칸톤의 새로운 대표들의 얼굴을 눈여겨보고 머릿속에 잘 담았어요. 그때 가느다란 빗방울이 흩날리기 시작했어요. 사람들은 우비를 꺼내 입고 우산을 펼쳐 들었어요. 비가 오긴 했지만 한 사람도 자리를 뜨지 않았지요.

다음 순서는 지역의 중요한 안건을 의논하고 결정하는 시간이었어요.
먼저 예산안에 대해서 이야기를 했어요. 주민들이 낸 세금을 어디에 얼마만큼 쓸지 정하는 거예요. 그리고 주민들이 낸 안건에 대해서 의견을 나누고 투표로 결정하지요. 한 아주머니가 단상에 올라왔어요.
"사람들이 많이 모이는 장소에서는 담배를 피우지 못하게 합시다!"
세진이는 문득 요한의 형 카를이 언제 나올지 궁금해 아빠한테 물었어요. 아빠는 안건 순서가 적혀 있는 자료집을 보여 줬지요. 카를의 순서는 열다섯 번째였어요.

짜잔! 세진이의 꼼꼼 취재 노트

아빠, 란츠게마인데에서 의논하는 안건은 누가 정하는 거예요?

칸톤의 주민이면 누구나 제안할 수 있어.

한 사람의 생각이라도 주민 회의에 올릴 수 있어요?

당연하지! 란츠게마인데를 앞두고 주민들의 의견을 구한단다.

공공장소 금연!

무료 음악 교육!

"저기 봐! 카를 형이 나왔어!"
요한이 단상을 가리켰어요. 마이크 앞에 선 카를은 약간 긴장한 것 같았지요.
카를의 목소리는 처음에는 작게 떨렸지만 점점 크고 또렷해졌어요.

저는 모든 청소년들이 악기를 하나씩 배울 수 있도록 칸톤에서 음악 교육을 무료로 지원해 줄 것을 요청합니다.

음악을 통해 청소년들이 행복해지면 우리 지역 전체 또한 더 행복해질 수 있을 것입니다!

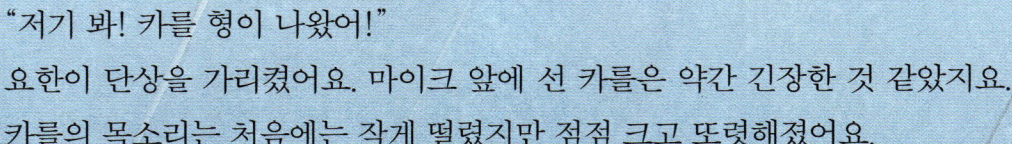

빗줄기가 점점 더 세졌어요.
의자에 앉아 있던 사람들이 하나둘 일어나서 내려왔어요. 카를이 낸 안건에 대해 찬성, 반대 의견을 말하기 위해서예요. 흰 머리 할머니, 콧수염 아저씨와 몇몇 사람들이 자기 의견을 발표하려고 단상 앞으로 나와 줄을 섰어요.

"이제 표결을 하겠습니다. 우리 지역의 청소년들이 누구나 악기 교육을 받을 수 있도록 하자는 안건에 찬성하시는 분은 투표용지를 들어 주십시오!"
사회자가 토론을 끝내고 투표를 진행했어요. 안건에 대한 의견을 찬성과 반대로 나누어 물었지요. 사람들은 일제히 우산을 접었어요. 표를 세는 데 방해가 되니까요.
칸톤 지사가 마을 광장을 날카로운 눈으로 훑어보았어요. 찬성하는 사람들의 수가 절반이 넘어야 제안이 통과되거든요. 투표용지를 든 사람의 수를 눈대중으로 헤아려요. 지사가 수를 세는 동안 사람들은 모두 함께 묵묵히 비를 맞고 있었어요.

어느새 해가 바뀌었어요. 지난 몇 달간 마을에는 크고 작은 변화가 생겼지요. 악기를 배우게 된 카를과 아이들은 신이 나서 연습에 열중했어요. 란츠게마인데를 앞두고 기념 연주회를 열겠다며 아주 열심이에요.

여느 때처럼 거리에서 주민들이 지역의 대표들과 이야기를 나누는 모습도 볼 수 있어요. 공립 병원에 뭐가 필요하다든지, 어느 버스 정류장이 고장 났다든지, 청소년 연주회가 좋았다든지…… 마을 이야기는 끝없이 이어졌지요. 사람들이 마을 일에 관심이 많은 건 당연해요. 주민인 우리가 우리 지역의 일을 직접 결정하기 때문이에요. 직접 민주주의는 주민 한 사람, 한 사람의 말을 귀담아듣고 같이 의논해서 결정하는 거예요. 란츠게마인데가 바로 직접 민주주의를 하기 위한 방법이고요.

세진이는 란츠게마인데에서 결정된 일들이 잘 이루어지는지 꾸준히 지켜봐 왔어요. 학교 기자답게 꼼꼼히 살펴봤지요. 이제부터 세진이는 란츠게마인데 회의 현장과 그 후 1년 동안 일어난 변화에 대해 특집 기사를 쓸 거예요.
기사 제목은 '내가 결정하는 우리의 오늘!'이에요.

'란츠게마인데'에 대해 자세히 알아봐요!

란츠게마인데가 뭘까요?

란츠게마인데는 스위스의 일부 칸톤(지역)에서 직접 민주주의 방식으로 이루어지는 주민 회의예요. 주민들이 1년에 한 번 한자리에 모여서 지역의 중요한 일을 결정하지요. 지역의 행정, 입법, 사법을 맡는 칸톤 지사, 의원, 판사와 검사를 뽑고, 법률을 정하고, 중요한 문제들을 직접 토론하고 투표하는 방식으로 결정해요.

란츠게마인데는 언제 시작되었을까요?

란츠게마인데의 역사는 길게는 약 800여 년 전까지 거슬러 올라가요. 란츠게마인데는 우리(Uri) 칸톤에서 처음 시작되었지요. 많은 사람들은 란츠게마인데가 지역의 고유한 전통을 지키고 청소년들이 정치에 관심을 갖게 하는 훌륭한 제도라고 생각해요. 하지만 공개 투표를 해야 한다는 점 때문에 란츠게마인데를 반대하는 사람들이 있어요. 현재 대부분의 칸톤에서 란츠게마인데를 하지 않고 있어요. 우리 칸톤에서는 1929년에 란츠게마인데가 폐지됐지요. 지금도 란츠게마인데의 전통이 이어지고 있는 지역은 글라루스 칸톤과 아펜

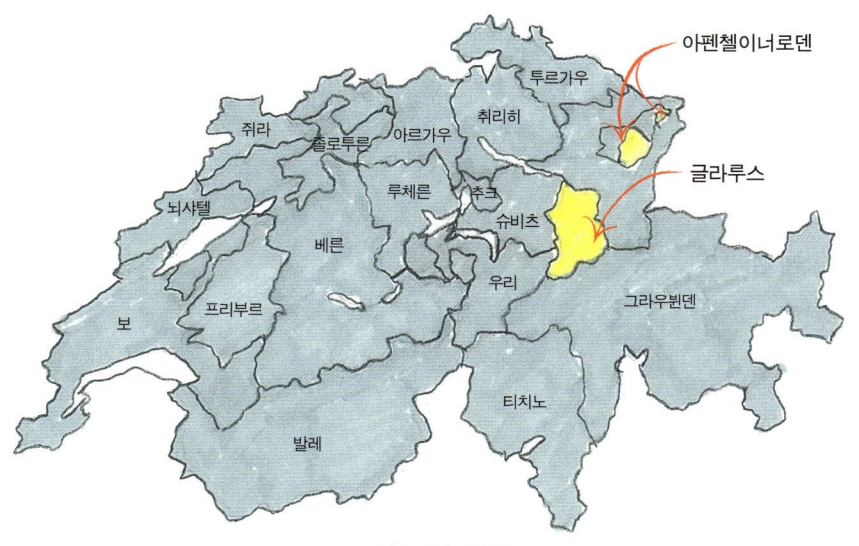

스위스의 지도

글라루스 칸톤의 깃발

첼이너로덴 칸톤이에요. 글라루스에서는 매년 5월 첫째 주 일요일에, 아펜첼이너로덴에서는 매년 4월 마지막 주 일요일에 란츠게마인데가 열린답니다.

란츠게마인데에 참여하기 위해 광장에 모인 사람들

투표하는 모습

아침에 시작한 란츠게마인데는 얼마 동안 계속되나요?

끝나는 시간은 일정하지 않아요. 2시간 정도 걸릴 때도 있고 5시간이 넘을 때도 있어요. 해마다 안건의 수도 다르고 찬성과 반대 토론에 참여하는 사람들의 숫자도 다르기 때문이에요. 또 현장에서 새로운 안건이 나오면 회의는 더 길어질 수도 있어요. 란츠게마인데에 참여한 사람들은 끝까지 자리를 지키며 중요한 결정에 참여해요.

주민 총회를 앞두고 각 가정에는 안내문이 우편으로 발송돼요. 용지의 앞면에는 총회가 열리는 시간, 장소 등의 안내와 함께 유권자의 주소가 있어요. 뒷면에는 안건 목록이 정리되어 있지요.

이 종이는 주민 총회에 입장할 수 있는 자격 증명서로 쓰이는 동시에 투표할 때 사용하는 거수 용지로도 활용해요.

투표 결과는 어떻게 계산할까요?

회의에 참석한 사람들 중 유권자인 주민은 투표하는 동안 색깔 있는 투표용지를 들어야 해요. 그러면 칸톤 지사가 눈대중으로 찬성과 반대 중 어느 쪽이 다수인지 가늠하지요. 혹시 의심스러우면 행정부의 다른 대표 4명과 의논할 수 있어요.

우리나라도 란츠게마인데처럼 직접 민주주의를 할 수 있을까요?

민주주의란 국민이 나라의 주인이며, 국민의 뜻에 따라 나라를 운영하는 거예요. 민주주의 방식으로는 국민이 직접 나라의 일을 결정하는 **직접 민주주의**와 국민이 뽑은 대표들이 국민 대신 나라 일을 결정하는 **간접 민주주의**가 있어요. 우리나라는 스위스의 칸톤보다 인구도 많고 나라도 넓어서 국민이 모두 모여 투표를 하기는 어려워요. 그래서 국민들이 뽑은 대표가 국민을 대신하여 정치하는 간접 민주주의 방식으로 국가를 운영하고 있지요. 하지만 간접 민주주의의 문제점을 보완하기 위해 국민들이 직접 정치에 참여할 수 있는 다양한 방법들을 마련하고 있어요. 국민 투표, 국민 발안, 국민 소환 같은 제도들이지요.

어린이 여러분도 작게는 나의 교실과 학교, 더 나아가 내가 사는 마을과 나라에서 무슨 일이 일어나는지, 어떻게 하면 더 살기 좋은 곳이 될 수 있는지 늘 고민하고 노력해야 해요. 그래야 투표할 수 있는 자격이 생기면 국민으로서의 권리를 잘 행사할 수 있을 테니까요!

우리나라에서 지역이나 나라의 대표를 뽑는 투표 과정

작가의 말

　어린이 여러분, 안녕하세요. 여러분에게 스위스 란츠게마인데 이야기를 들려주게 되어 정말 기쁩니다. 글라루스 칸톤에서 열리는 란츠게마인데의 진행 과정을 책에서 읽고 여러분이 어떤 점을 흥미롭게 생각했을지 궁금합니다.

　스위스는 직접 민주주의가 발달한 나라입니다. 나라의 중요한 일을 국민들이 투표를 통해 직접 결정하는 경우가 많지요. 란츠게마인데는 이런 스위스의 직접 민주주의가 이루어지는 모습을 잘 보여 줍니다. 주민들이 지역 문제에 대한 해결책을 스스로 제안하고 토론을 거쳐 직접 결정하거든요. 물론 란츠게마인데가 공개 투표를 한다거나 투표권이 없는 사람들의 의견을 잘 반영하지 못한다는 문제점도 있습니다. 실제로 투표권을 가진 남성들의 반대로 여성들의 참정권이 매우 늦게 허용되기도 했으니까요. 하지만 란츠게마인데는 주민들이 바로 '지역의 주인'이라는 민주주의의 참 모습을 확인할 수 있는 중요한 기회입니다. 어린이들도 란츠게마인데를 통해 자연스럽게 정치에 참여하는 방법을 배울 수 있습니다. 여러분이라면 란츠게마인데에서 어떤 제안을 할지 생각해 보세요. 나의 참여로 우리 지역이 더 살기 좋게 바뀐다면 얼마나 뿌듯할까요? 그래서 란츠게마인데가 마치 축제처럼 흥겨운 분위기이겠지요.

　이처럼 정치는 어려운 것이 아니랍니다. 정치는 우리가 살아가면서 불편하거나 어려운 문제들을 해결해 가는 과정입니다. 깨끗한 환경을 위해 무엇을 해야 할지, 어린이들을 어떻게 안전하게 보호할지 등이 모두 정치와 관련이 있습니다. 정치는 다른 사람이 대신 해 주는 일이 아닙니다. 민주 사회에서의 정치는 힘 있는 사람들 몇 명이 아니라 모두가 똑같은 자격으로 대화하고 토론하면서 더 좋은 선택을 해 나가는 과정이니까요. 여러분도 어른들의 일이라고 생각하지 말고 텔레비전이나 신문에서 모르는 이야기가 나오면 많이 질문하세요.

　어린이와 청소년들은 미래의 시민입니다. 우리나라에서도 많은 청소년들이 교육이나 환경, 안전과 관련된 문제들에 대해 적극적으로 의견을 제시하고 있습니다. 투표에 참여할 수 있는 연령을 낮추자는 논의도 활발하게 이루어지고 있습니다. 이 책을 읽고 여러분들이 민주주의의 의미를 이해하고 정치 참여에 관심을 갖는 시민으로 자라나면 좋겠습니다.

박윤경

★ 초등학교 교과서와 함께 보면 좋아요.
- **3~4학년군 사회**
  4-1 지역의 공공 기관과 주민 참여
- **5~6학년군 사회**
  5-1 인권 존중과 정의로운 사회
  6-1 우리나라의 정치 발전